AF312507

TABLEAUX

ANCIENS ET MODERNES

DESSINS DE MAITRES

BARYE, DECAMPS, Eug. DELACROIX, MILLET, RIBOT, ROUSSEAU, TROYON

VENTE HOTEL DROUOT, SALLE N° 1
Le ~~Vendredi~~ *Jeudi* 27 Mai 1887

A DEUX HEURES ET DEMIE

EXPOSITION PARTICULIÈRE | EXPOSITION PUBLIQUE
Le Mardi 24 Mai 1887 | Le *Mercredi* 25 Mai 1887

Me BOULLAND | MM. HARO FRÈRES
COMMISSAIRE-PRISEUR | PEINTRES EXPERTS
28, rue des Petits-Champs | 14, rue Visconti, et rue Bonaparte, 20

1887

BOURLOTON. — Imprimeries réunies, A, rue Mignon, 2, Paris.

CATALOGUE

DE

TABLEAUX

ANCIENS ET MODERNES

DESSINS DE MAITRES

DONT LA VENTE AURA LIEU

HOTEL DROUOT, SALLE N° 1

Le ~~Vendredi~~ *Jeudi* 2~~7~~ Mai 1887

A DEUX HEURES ET DEMIE

EXPOSITION PARTICULIÈRE | EXPOSITION PUBLIQUE
Le Mercredi 2*4* Mai 1887 | Le *Mercredi* 2*6* Mai 1887

DE UNE HEURE ET DEMIE A CINQ HEURES ET DEMIE

M° BOULLAND | MM. HARO FRÈRES
COMMISSAIRE-PRISEUR | PEINTRES-EXPERTS
26, rue des Petits-Champs | rue Visconti, 14 et rue Bonaparte, 20;

1887

CONDITIONS DE LA VENTE

Elle sera faite au comptant.

Les acquéreurs payeront *cinq pour cent* en plus du prix d'adjudication.

BAYARD (Émile)

1 — Scapin.

T. — H., 0.35. L., 0,27.

BELLI

2 — Le Rendez-vous.

T. — H., 0,85. L., 0,64.

BERCHEM (Nicolas)

?

3 — Le Départ pour le marché.

A gauche, des bergers et des paysans conduisant divers troupeaux, chèvres, etc.; au milieu de la composition, des ruines et au-dessous des cavaliers. A droite, des bœufs traversent un gué. Au fond la campagne. Ciel nuageux.

Tableau très décoratif.

T. — H., 1,16. L., 1,70.

BLARENBERGHE (Van)

4 — Fête villageoise.

Devant un cabaret, des villageois dansent entourés de divers paysans assis et buvant. A gauche, au premier plan, un orchestre champêtre, violoneux et joueur de flûte; dans le fond, la campagne et l'église du village.

Signé à droite.

T. — H., 0,22. L., 0,28.

BLARENBERGHE (Van)

5 — L'Enrôlement.

Un porte-drapeau précède une troupe de paysans qui viennent de s'enrôler ; à droite et à gauche divers groupes ; au premier plan, fifre, tambour et paysans costumés en fous; à gauche, un moulin, dans le fond la campagne ; effet de soleil couchant.

Pendant du précédent.

T. — H., 0,22. L., 0,28.

BONIROTE

6 — Intérieur de harem.

Signé à gauche.

T. — H., 0,80. L., 0,64.

CAUCHOIS

7 — Fleurs.

Deux tableaux se faisant pendants.
Signés à droite.

T. — H., 1,20. L., 0,93.

DESPORTES

8 — Fleurs, Fruits et Gibier.

Auprès d'une fontaine en pierre, dans la vasque de laquelle sont posées des pêches et un panier de prunes, un lièvre suspendu à un fusil et sur une pierre, des perdrix, un vase rempli d'abricots, une sacoche et une poire à poudre. A gauche un chien épagneul couché garde le gibier.

T. — H., 1,45. L., 1,25.

DOLCI (Carlo)

9 — Vierge.

T. — H., 0,59. L., 0,49.

DUPRÉ (Victor)

10 — Paysage.

Signé à droite.

B. — H., 0,25. L., 0,32.

FEYEN-PERRIN

11 — Sapho.

Panneau décoratif.

FICHEL (E.)

12 — Le Billet de logement.

Signé à gauche et daté 1873.

B. — H., 0,32. L., 0,46.

GELÉE (Claude) dit *le Lorrain*
(École de)

13 — Port de mer. Paysage.

Effet de soleil couchant.

T. — H., 0,65. L., 0,88.

GUELDRY (G.)

14 — Course des Universités. Oxfort-Cambridge, 1884.

T. — H., 0,60. L., 1,00.

GUELDRY (G.)

15 — Match annuel entre la Société nautique de la Marne et le Rowing-club.

Pendant du précédent.

T. — H., 0,60. L., 1,00.

HILLEMACHER (Eugène-Ernest)

16 — Archimède.

Il est tellement absorbé par l'étude que Syracuse est prise et sa maison envahie par les soldats de Marcellus, sans qu'il en ait connaissance.

Salon de 1877.

Signé à gauche et daté 1876.

T. — H., 0,74. L., 0,56.

HILLEMACHER (Eugène-Ernest)

17 — Le Jeune Mozart.

La messe que Wolfgang a fait exécuter et a dirigé lui-même, le 7 décembre, en présence de toute la cour, dans la nouvelle église de l'orphelinat du P. Parhammer, a raccommodé ce que ses ennemis avaient ruiné en l'empêchant de faire jouer son opéra, et a convaincu de la méchanceté de ses contradicteurs la cour et le public qui étaient accourus en foule... (Lettre de Léopold Mozart, Vienne, 14 décembre 1768.)

Salon de 1867.

T. — H., 1,10. L., 1,18.

HUMBERT (F.)

18 — Hérodiade.

H., 0,245. L., 0,17.

JACQUE (CHARLES)

19 — La Rentrée de la ferme.

H., 0,28. L., 0,41.

LAMBERT (E.)

20 — Les Deux Amis.

H., 0,30 1/2. L., 0,22.

LA NEUVILLE

ÉLÈVE DE DAVID

21 — Ruamps de Surgères, Député à la Convention nationale. (Charente-Inférieure).

Signé à droite : La Neuville, élève de David, 1792.

T. — H., 0,65. L., 0,53.

LELEUX (A.)

22 — Don Quichotte.

T. — H.. 0,4". L., 0,32.

LONGUET

23 — Le Bain.

Signé à gauche.

T. — H., 0,25. L., 0,26.

MIGNARD (Nicolas)

24 — Le berger Faustulus rapportant à sa femme Acca Laurentia Romulus et Rémus.

Romulus, fondateur et premier roi de Rome, passait pour fils de Mars et de la vestale Rhéa Sylvia, fille de Numitor, roi d'Albe, et était frère jumeau de Rémus. Amulius, oncle de Rhéa, la fit enterrer vive comme ayant rompu des vœux, et fit exposer les deux jumeaux sur le Tibre, mais le fleuve les laissa à sec et une louve vint les allaiter. Faustulus, berger roi, les ayant trouvés, les emporta et les fit nourrir par Acca Laurentia, sa femme.

Signé à gauche N. Mignard, inv. et pinxit Aven. 1654.

T. — H., 1,50. L., 1,45.

MOLENAER (Jean)

25 — Le Joyeux Déjeuner.

Deux cavaliers et un page s'apprêtent à manger un gâteau que vient d'apporter une jeune fille. Un des convives s'amuse à répandre du vin blanc dans les cheveux de la servante qui rit, comme les autres personnages, de cette facétie hollandaise.

Le page verse, de très haut, du vin dans un verre à pied.

Sur la lame du couteau se trouve le monogramme suivant : IMR anno 1629.

Il désigne Jean Molenaer, père de Nicolas ou Klaes Molenaer, peintre oublié dans toutes les histoires de l'art hollandais. On n'a presque pas de détails sur sa vie et ses ouvrages, mais il existe des tableaux de son fils signés : *K. Iz Molenaer*, c'est-à-dire *Klaes Molenaer, fils de Jean*. Le monogramme que nous venons de reproduire est demeuré inconnu à Bruillot et à Nagler. Elle prouve, en outre, que le père et le fils traitaient des motifs du même genre.

Signé à droite et daté sur un couteau.

Ce tableau avait été jusqu'ici considéré comme une œuvre de Gerard Honthorst.

T. — H., 1,06. L., 1,30.

NATTIER (l'aîné)

26 — L'Hiver, allégorie.

T. — H., 0,52. L., 0,42.

PAON (Jean-Baptiste)

27 — Bataille de Fontenoy.

Les Français, commandés par le maréchal de Saxe, y battirent, le 11 mai 1745, les Anglais, les Autrichiens et les Hollandais coalisés.

J.-B. Paon, fils de paysans, entra fort jeune [dans les dragons, y montra le goût de peindre les batailles; dans ses différentes campagnes, il fit preuve d'autant de courage que de talent. Élève de Van Loo et de Boucher, il devint plus tard le rival de Casanova. Il résulte d'une lettre du duc de Mouchy que Paon fut blessé à une bataille pour en mieux voir l'effet. Cet artiste a peint les batailles de Fontenoy, de Lawfeld, de Tournay, etc.

Ses ouvrages les plus remarquables sont placés à l'École militaire.

T. — H., 2,85. L., 2,10.

RUISCH (Rachel)

28 — Nature morte.

Signé en haut, à droite.

R. — H., 0,17. L., 0,12.

SAUVAGE

29 — Petite Bacchanale; Amours jouant avec un bouc.

Grisaille.

T. — H., 0,23. L., 0,39.

STEVENS (Alfred)

30 — Parisienne.

B. — H., 0,245. L., 0,17.

SWEBACH

31 — La Halte.

Signé en bas, à gauche, du monogramme.

T. — H., 0,24. L., 0,32.

TCHOUMAKOFF

32 — Jeune Femme.

Signé à gauche.

T. — H., 0,11. L., 0,32.

TCHOUMAKOFF

33 — Blonde. — Brune.

Deux pendants.
Signé en haut.

T. — H., 0,28. L., 0,21.

VAN OS

34 — Fleurs.

Signé en bas à droite.

B. — H., 0,35. L., 0,29.

VERNET (Joseph)

35 — La pêche par un temps de pluie. Marine.

Signé à droite.

B. — H., 0,22. L., 0,32.

VERNET (Joseph)

36 — Les Lavandières. Effet de soleil levant.

Pendant du précédent.
Signé en bas.

B. — H., 0,22. L., 0,32.

VESTIER

37 — Portrait de femme âgée.

Ovale. — H., 0,65. L., 0,54.

VESTIER

38 — Portrait de femme.

Ovale. — H., 0,65. L., 0,54.

?

39 — Portrait de femme.

Elle est représentée assise, vue de trois quarts, vêtue d'une robe de velours bleu agrémentée de dentelles, la main gauche appuyée sur un livre placé sur une console. Son costume, sa coiffure et son attitude rrppellent les modes du temps des dames de la cour de la reine Marie Leczinska.

T. — H., 1,20. L., 0,90.

ÉCOLE FRANÇAISE

40 — Portrait de Mme Favart.

L'inscription que porte le panneau indique qu'elle est représentée dans le rôle de *Ninette à la Cour*.

B. — H., 0,17. L., 0,17.

ÉCOLE FLAMANDE

41 — Diane et Calisto.

Calisto, fille de Lycaon, roi d'Arcadie, était une des nymphes de Diane. Elle se laissa séduire par Jupiter, qui avait pris la forme de cette déesse, et en eut un fils nommé Arcas. Diane la chassa de sa suite et Junon la changea en ourse. Jupiter la plaça, avec son fils Arcas, dans le ciel, où ils formèrent la grande et petite Ourse.

T. — H.. 0,73. L., 0,90.

ÉCOLE HOLLANDAISE

42 — Paysage avec figures et animaux.

C. — H., 0,39. L., 0,49.

43 — Paysage avec figures et animaux.

C. — H., 0,39. L., 0,49.

44 — Paysage avec figures et animaux.

C. — H., 0,39. L., 0,49.

45 — Sous ce numéro les tableaux non catalogués.

DESSINS, PASTELS

AQUARELLES ET MINIATURES

ALLONGÉ

46 — Paysage.

> Fusain.
> Signé à gauche.

BARYE

47 — Tigre.

> Aquarelle signée à droite.

BARYE

48 — La Panthère noire.

> Très belle aquarelle.
> Signée à droite en toutes lettres.

BOSSOLI (Charles)

49 — Vue de Sébastopol.

Très belle aquarelle signée et datée 1855.

DAUBIGNY

50 — Réunion de vingt dessins ou études diverses à la mine de plomb, dont plusieurs sont signés sous un même cadre.

CURZON (de)

51 — Paysage.

Dessin au fusain.
Signé à gauche.

DECAMPS

52 — Polyphème.

Dessin rehaussé de blanc.
Signé à gauche du monogramme.

DECAMPS

53 — Jésus prêchant dans le désert.

Fusain.
Signé à droite du monogramme.

DELACROIX (Eug.)

54 — Combat de cavaliers maures.

Très beau dessin à la plume.
Signé et daté 1834.
A été gravé.

DELACROIX (Eug.)

55 — Sous ce même cadre sept croquis à la mine de plomb.

DELACROIX (Eug.)

56 — Sous un même cadre neuf dessins, études diverses d'après l'antique.

Crayon à la mine de plomb.

DELACROIX

57 — Sous un même cadre six croquis divers
à la mine de plomb.

Études pour le plafond de la galerie d'Apollon.

DELACROIX (Eug.)

58 — Sous un même cadre six dessins à la
mine de plomb.

Études d'après l'antique.

DELACROIX

59 — Sous un même cadre, croquis divers
d'après l'antique avec annotations.

DELACROIX

60 — Sous ce même cadre sept dessins;
études diverses.

DELACROIX

61 — Sous ce même cadre six dessins, croquis
à la plume d'après les médailles et
diverses études pour le Marino
Faliero.

HILDEBRANDT (E.)

62 — Pêcheur et Pêcheuse.

Aquarelle.
Signée à droite.

LANDSEER

63 — Sous un même cadre quatre dessins à
la mine de plomb : chiens, pointer,
épagneul, lièvres.

Curieuses études d'après nature.

LATOUR (École de)

64 — Portrait de femme vue à mi-corps.

Elle est représentée le bras appuyé sur un livre, tenant un cahier à la main. A son corsage est fixé un bouquet de fleurs ; elle est vêtue d'un déshabillé galant.
Pastel sous verre.

H., 0,73. L., 0,60.

MILLET (Jean-Baptiste)

65 — La Bergère ; paysage avec figures et animaux.

Dessin et aquarelle.

MILLET (J.-F.)

66 — La Blanchisseuse.

Étude d'après nature. Dessin au crayon.
Signé du monogramme.

MILLET (J.-F.)

67 — Le Travail. Paysans piochant la terre,

Dessin à la plume.
Signé du monogramme.

MILLET (J.-F.)

68 — Le Départ pour le marché.

Très beau dessin au crayon noir.
Signé du monogramme.

MILLET (J.-F.)

69 — La Tricoteuse.

Dessin au crayon noir.
Signé du monogramme.

MILLET (J.-F.)

70 — Le Prieuré de Vauville.

Étude à la plume et dessin de couleur.
Signé du manogramme.

MILLET (J.-F.)

71 — Lisière de bois. Étude.

Dessin à la plume.
Signé du monogramme.

MILLET (J.-F.)

72 — Chaumière. Étude prise à Dyane.

Dessin à la plume.
Signé du monogramme.

MILLET (J.-F.)

73 — Les Blanchisseuses.

Dessin à la mine de plomb.
Signé du monogramme.

MILLET (J.-F.)

74 — Le Soir; porteuse de fagots.

Très beau dessin au crayon noir.
Signé du monogramme.

MILLET (J.-F.)

75 — La Balayeuse. Étude d'après nature.

Dessin au crayon noir.
Signé du monogramme.

MILLET (J.-F.)

76 — La Marchande de lait.

Dessin à la plume.
Signé à l'encre.

MILLET (J.-F.)

77 — La Femme au rouet.

Sanguine.
Signé du monogramme.

MILLET (J.-F.)

78 — Les Glaneuses (première pensée).

Dessin au crayon noir.
Signé du monogramme.

MORAINE (De)

79 — Les deux gendarmes.

Sépia rehaussée de blanc.
Signé à gauche et daté.

PAGNEST

**80 — Études au crayon noir pour le portrait
de M. Nanteuil.**

(Musée du Louvre).

PISSARO (C.)

**81 — Paysage avec figures; paysannes gardant
des vaches.**

Très belle étude d'après nature.

RAFFET

82 — Soldats croates ; souvenir de la bataille de Navarre.

(3 juillet 1849).
Dessin et aquarelle.
Signé et daté.

REGNAULT (HENRI)

83 — Sous un même cadre neuf dessins mine de plomb.

Études diverses.

REGNAULT (HENRI)

84 — Sous un même cadre dix-huit dessins.

Études d'après nature (Espagne).
Mine de plomb.

RIBOT

85 — Les Saintes Femmes, et saint Sébastien.

Très beau dessin à l'encre.
Signé à gauche.

ROUSSEAU (Théodore)

86 — Forêt de Fontainebleau. Étude d'après nature.

Magnifique dessin rehaussé de blanc.

ROUSSEAU (Théodore)

87 — Paysage.

Étude aux trois crayons.

ROUSSEAU (Théodore)

88 — Paysage; étude.

Dessin à l'encre.

ROUSSEAU (Théodore)

89 — Paysage; étude.

Dessin au crayon noir.

SCHELEY (R. A.)

90 — L'Amour captif.

Miniature sur ivoire.

H., 0,24. L., 0,17.

91 — L'Amour vainqueur.

Pendant du précédent.

H., 0,24. L., 0,17.

STEVENS (Alfred)

92 — Bottesini violoncelle.

Étude au fusain.
Signé du monogramme.

TCHOUMAKOFF

93 — Jeune femme en costume de directoire.

Signé en haut.
Pastel.

H., 0,50. L., 0,36.

TOCHÉ (Charles)

94 — Maison des roses trémières.

Aquarelle d'après nature, faite à la Birochère (Loire-Inférieure), août 1885.
Signé à droite.

TROYON

95 — Vaches au repos. Étude.

Crayon et pastel.

TROYON

96 — Étude; paysage; vue prise à Fontainebleau.

VESTIER

97 — Portrait de femme.

Miniature, forme ovale.

WYLD

98 — Un Patio à Cordoue.

—————

99 — Sous ce numéro les dessins et aquarelles non catalogués.

10124. — BOURLOTON. — Imprimeries réunies, A, rue Mignon, 2, Paris.

9 782329 551289